BEI GRIN MACHT SICH IHR WISSEN BEZAHLT

AF125101

- Wir veröffentlichen Ihre Hausarbeit,
  Bachelor- und Masterarbeit

- Ihr eigenes eBook und Buch -
  weltweit in allen wichtigen Shops

- Verdienen Sie an jedem Verkauf

Jetzt bei www.GRIN.com hochladen
und kostenlos publizieren

Bibliografische Information der Deutschen Nationalbibliothek:

Die Deutsche Bibliothek verzeichnet diese Publikation in der Deutschen National-
bibliografie; detaillierte bibliografische Daten sind im Internet über http://dnb.d-
nb.de/ abrufbar.

Dieses Werk sowie alle darin enthaltenen einzelnen Beiträge und Abbildungen
sind urheberrechtlich geschützt. Jede Verwertung, die nicht ausdrücklich vom
Urheberrechtsschutz zugelassen ist, bedarf der vorherigen Zustimmung des Verla-
ges. Das gilt insbesondere für Vervielfältigungen, Bearbeitungen, Übersetzungen,
Mikroverfilmungen, Auswertungen durch Datenbanken und für die Einspeicherung
und Verarbeitung in elektronische Systeme. Alle Rechte, auch die des auszugsweisen
Nachdrucks, der fotomechanischen Wiedergabe (einschließlich Mikrokopie) sowie
der Auswertung durch Datenbanken oder ähnliche Einrichtungen, vorbehalten.

Impressum:

Copyright © 2015 GRIN Verlag
Druck und Bindung: Books on Demand GmbH, Norderstedt Germany
ISBN: 9783668634626

Dieses Buch bei GRIN:

https://www.grin.com/document/412065

Irina Wolinski

Trainingsplanung für das Krafttraining

Planung eines Makro- und Mesozyklus

GRIN Verlag

GRIN - Your knowledge has value

Der GRIN Verlag publiziert seit 1998 wissenschaftliche Arbeiten von Studenten, Hochschullehrern und anderen Akademikern als eBook und gedrucktes Buch. Die Verlagswebsite www.grin.com ist die ideale Plattform zur Veröffentlichung von Hausarbeiten, Abschlussarbeiten, wissenschaftlichen Aufsätzen, Dissertationen und Fachbüchern.

Besuchen Sie uns im Internet:

http://www.grin.com/

http://www.facebook.com/grincom

http://www.twitter.com/grin_com

Inhaltsverzeichnis

1 Diagnose

1.1 Allgemeine und biometrische Daten

Tab. 1: Allgemeine und biometrische Daten (eigene Darstellung)

Allgemeine Daten	
Alter	20
Geschlecht	Weiblich
Körpergröße	160 cm
Körpergewicht	56 kg
Trainingsmotive	Muskelkräftigung und –aufbau
	Gewichtsreduktion
	Körperstraffung / -formung (Schwerpunkt Bauch-Beine-Po)
Berufliche Tätigkeit	Studentin
Aktuelle und frühere sportliche Aktivitäten	Aktuell:
	keine sportlichen Aktivitäten,
	keine Erfahrungen im Gerätetraining
	Früher:
	Handball (7 Jahre, 2 mal pro Woche)
Zeitlicher Verfügungsrahmen	3-4 mal / Woche
Aktueller Leistungsstand	Beginner
Biometrische Daten	
Blutdruck	115/80 mmHg
Ruhepuls	71 Schläge/Minute

Tab. 2: Blutdruckklassifikation der American Heart Association (Israel & Eifler, 2014, S. 173)

Bewertungsstufen	systolischer Blutdruck	Diastolischer Blutdruck
Normblutdruck (Normotonie)		
Optimal	Unter 120 mmHg	Unter 80 mmHg
Normal	Unter 130 mmHg	Unter 85 mmHg
Hochnormal	130 – 139 mmHg	85 – 89 mmHg
Bluthochdruck (arterielle Hypertonie)		
Stufe 1	140 – 159 mmHg	90 – 99 mmHg
Stufe 2	160 – 179 mmHg	100 – 109 mmHg
Stufe 3	>180 mmHg	> 110 mmHg

Der Blutdruck der Sportlerin, der 115/80 mmHg beträgt, ist als normal einzustufen, da der diastolische Wert unter 85 mmHg liegt.

Tab. 3: Allgemeiner Gesundheitszustand (eigene Darstellung)

Erkrankungen	Keine
Ärztliche Behandlung	Nein
Medikation	Keine
Sonstige (gesundheitliche) Einschränkungen	Rückenschmerzen (2-3mal im Monat, Schmerzskala: 4-5 Punkte von 10 Punkten); durch die Rückenschmerzen kommt es weiterhin zu depressiven Verstimmungen, da der Alltag von Schmerzen bestimmt wird.

Aufgrund der guten Voraussetzungen, kann die Sportlerin weitgehend uneingeschränkt belastet werden und es müssen keine Besonderheiten in der Trainingsplanung berücksichtigt werden.

1.2 Krafttestung

Die Intensitätsbestimmung für das Training erfolgt über das subjektive Belastungsempfinden, bei der der Proband sein subjektives Empfinden in Bezug auf das Gewicht anhand der Boeckh-Behrens-Skala äußert. Aufgrund dessen, dass die Testperson noch keine Erfahrungen mit dem gerätegestützten Krafttraining hat, ist es sinnvoll über das subjektive Belastungsempfinden die Trainingsintensitäten zu ermitteln, um hohe Belastungen auf den Sportler zu reduzieren und potenziellen gesundheitlichen Risiken präventiv entgegen zu wirken (Eifler, 2014, S. 123).

Die Krafttestung beginnt mit der Auswahl der Testübungen. In Absprache mit dem Sportler wurden zunächst die folgenden acht Geräte gewählt: Beinpresse horizontal sitzend, Rudern an der Maschine, Brustpresse an der Maschine, Rumpfbeugen an der Bauchmaschine, Rückenstrecken an der Maschine, Hüftstrecken an der Gesäßmaschine, Armbeugen an der Maschine und Armstrecken an der Maschine. Im zweiten Schritt legt der Trainer eine Wiederholungszahl von zehn fest. Nun wird die Testperson aufgefordert sich aufzuwärmen, dabei wird zunächst eine allgemeine Erwärmung in Form von Ergometertraining absolviert, bevor anschließend die spezielle Erwärmung folgt. Die spezielle Erwärmung besteht aus der Durchführung von sogenannten Aufwärmsätzen am entsprechenden Gerät mit einer submaximalen Last, einem Gewicht, das unter dem Gewicht der späteren Arbeitssätze liegt. Nach dem Erwärmen wird das Einstiegsgewicht für die jeweilige Maschine abgeschätzt und im Anschluss werden die Testsätze durchgeführt. Es werden pro Testübung maximal drei Testsätze durchgeführt, wobei die Testgröße, das Gewicht, vom Sportler subjektiv als „mittel" bis „schwer" auf der Boekh-Behrens- Skala empfunden werden soll (Eifler, 2014, S. 124).

Tab. 4: Testergebnisse (eigene Darstellung)

Testübung	Wiederho-lungszahl	1. Satz	2. Satz	3. Satz	Ergebnis
Beinpresse horizontal sitzend	10	35 kg	40 kg	-	40 kg
Rudern an der Maschine	10	20 kg	25 kg	30 kg	30 kg
Brustpresse an der Maschine	10	20 kg	25 kg	-	25 kg
Rumpfbeugen an der Bauchmaschine	10	15 kg	25 kg	30 kg	30 kg
Rückenstrecken an der Maschine	10	15 kg	20 kg	-	20 kg
Hüftstrecken an der Maschine	10	15 kg	20 kg	-	20 kg
Armbeugen an der Maschine	10	5kg	-	-	5kg
Armstrecken an der Maschine	10	5kg	-	-	5kg

Auf das Testergebnis wirken viele Störgrößen ein, sodass interindividuelle Leistungs-vergleiche keine Norm- bzw. Referenzwerte haben. Ein intraindividueller Leistungs-vergleich kann durch konsequente und exakte Standardisierung des Testablaufes ermög-licht werden. Dabei müssen jedoch auch die Testrahmenbedingungen und die Testme-thodik strikt eingehalten werden. Das Ableiten der Trainingsintensität gelingt sehr ein-fach, da das ermittelte Testgewicht gleichzeitig das Trainingsgewicht für das Krafttrai-ning darstellt (Eifler, 2014, S. 124).

4

2 Zielsetzung/ Prognose

Tab. 5: Zielsetzung (eigene Darstellung)

Ziel	Inhalt	Ausmaß	Zeit
1	Prävention von Rücken-schmerzen durch Muskel-kräftigung	Minderung der Häufigkeit der Rü-ckenschmerzen auf 1-2 Mal / Mo-nat, sowie Senkung der Schmerz-empfindung unter den Wert 5 der Schmerzskala	6 Monate
2	Gewichtsreduktion	Verringerung des Gewichts um 3 kg	1 Monat
3	Regulierung des Herz-Kreislauf- Systems, wobei der Ruhepuls gesenkt wer-den soll	Senkung des Ruhepulses um 6 Schläge/ Minute	3 Monate

Bei der Zielsetzung wurde auf die Bedürfnisse und Wünsche des Klienten eingegangen. Der Sportler leidet mehrmals im Monat an mittelschweren Rückenschmerzen, sodass er sich während der Schmerzphasen im alltäglichen Leben eingeschränkt fühlt. Diese Tat-sache veranlasst dazu das erste Ziel zu Gunsten der Prävention und Minderung der Rü-ckenschmerzen festzulegen. Durch das Krafttraining soll sowohl die Häufigkeit als auch die Intensität beeinflusst und reduziert werden. Innerhalb von sechs Monaten sollte sich, durch das regelmäßige Training, eine Verbesserung der Beschwerden einstellen und ein positiver Einfluss auf die Aktivitäten des täglichen Lebens, und somit auch auf die Psy-che, gegeben werden. Das Ziel der Gewichtsreduktion von 56 kg auf 53kg in einem Monat basiert auf dem Wunsch der Sportlerin, die sich in ihrem Körper unwohl fühlt. Das Krafttraining dient hierbei nicht nur der Gewichtsreduktion sondern auch der Kör-performung und Körperstraffung. Diese positiven Nebeneffekte sorgen für ein besseres Wohlbefinden, sowohl physisch als auch psychisch. Das letzte Ziel wurde aufgrund des erhöhten Ruhepulses gewählt. Ziel ist es den Ruhepuls in drei Monaten um ca.6 Schläge pro Minute zu reduzieren, um bessere Bedingungen für das Herz Kreislauf- System zu schaffen.

3 Trainingsplanung des Makrozyklus

Tab. 6: Planung eines Makrozyklus (eigene Darstellung)

	Makrozyklus			
	Mesozyklus I	Mesozyklus II	Mesozyklus III	Mesozyklus IV
Krafttrainingsmethode	Sanftes Krafttraining	Sanftes Krafttraining	Sanftes Krafttraining	Sanftes Krafttraining
Zyklusdauer	6 Wochen	6 Wochen	6 Wochen	6 Wochen
Spezifisches Trainingsziel	Kraftausdauertraining	Übergangstraining	Muskelaufbautraining Extensiv	Muskelaufbautraining Intensiv
Anzahl der Trainingseinheiten pro Woche	2	2- 3	2-3	2- 3
Organisationsform	Ganzkörpertraining, Zirkeltraining	Ganzkörpertraining, Zirkeltraining	Ganzkörpertraining, Stationstraining	Ganzkörpertraining, Stationstraining
Anzahl der Übungen pro Muskelgruppe	1	1	1	1
Anzahl der Sätze pro Übung	1	2	2-3	2-3
Satzpausen	60 s	60 s	60 s	60 s
Wiederholungszahlen	20	15	12	8
Intensität	„mittel" bis „schwer" nach dem subjektiven Belastungsempfinden nach der Boeckh- Behrens- Skala	„mittel" bis „schwer" nach dem subjektiven Belastungsempfinden nach der Boeckh- Behrens- Skala	„mittel" bis „schwer" nach dem subjektiven Belastungsempfinden nach der Boeckh- Behrens- Skala	„mittel" bis „schwer" nach dem subjektiven Belastungsempfinden nach der Boeckh- Behrens- Skala
Bewegungstempo	2-0-2	2-0-2	2-0-2	2-0-2

Begründung der Trainingsmethode

Das „sanfte Krafttraining" wurde in erster Linie gewählt, weil der Sportler keine Erfahrungen im Bereich Kraft- und Gerätesport vorweist. Die Methode funktioniert nach dem

6

individuellen subjektiven Belastungsempfinden. Diese Trainingsmethode ist deshalb zu wählen, da sie aus gesundheitlicher Sicht für einen Anfänger, der noch höhere Gefahrenquellen aufgrund von fehlenden Kenntnissen und Erfahrungen zeigt, schonender ist. „Die laktazide sowie kardiale Belastung (systolischer Blutdruck, Herzfrequenz, Produkt aus systolischem Blutdruck und Herzfrequenz als Maß für den O_2- Bedarf des Myokards) und … auch die Gefahr der Preßatmung sind bei einem sanften Krafttraining im Vergleich zu einem Training bis zur muskulären Ausbelastung deutlich reduziert" (Buskies, 1999, S. 4). „Gleiches kann für die orthopädische Beanspruchung angenommen werden" (Buskies, 1999, S. 4). Diese Methode weist demnach ein günstiges Verhältnis zwischen Effektivität, Belastung und Risikokomponente vor (Buskies, 1999, S.5).

Begründung der Belastungsparameter

Die Belastungshäufigkeit besteht aus zwei bis drei Trainingstagen pro Woche. Wirth, Atzor und Schmidtbleicher (2007, S. 3) konnten feststellen, dass für Trainingsbeginner schon eine Trainingseinheit pro Woche ausreichend sein kann, um Muskelmassezuwächse zu erzielen. Jedoch stellen zwei bis drei Einheiten pro Woche größere Muskelmassezuwächse dar, sodass vor allem für das Ziel der Muskelhypertrophie ein Training mit mindestens zwei, optimal sogar drei, Trainingseinheiten pro Woche nötig werden.

Der Trainingsplan sieht pro Muskelgruppe eine Übung vor, um ein Basistraining zu schaffen, bei dem der Sportler neue Bewegungsabläufe erlernt und festigt. Jedoch sollte, nach dem Prinzip der Korrektheit, die Bewegung „stabil und systematisch wiederholbar sein" (Gimbel, 2014, S.118). Wichtig ist es zu berücksichtigen, dass „Muskel trotz unterschiedlicher Übungen mehrfach belastet" (Gimbel, 2014, S.118) werden. Dies lässt darüber hinaus schließen, dass auch die Muskulatur, die womöglich laut Trainingsplan nicht beansprucht wird, ebenfalls trainiert wird.

Die Anzahl der Sätze pro Übung wurde auf einen Satz pro Übung im ersten Mesozyklus und zwei bzw. zwei bis drei Sätze pro Übung in den nachfolgenden Mesozyklen festgelegt. Das Einsatztraining dient der Kraftsteigerung bei Beginnern, dem Leistungserhalt und der Methodenvariation (Kempf, 2014, S. 8). Das Mehrsatztraining erweist sich im Allgemeinen für Gesundheitssport und Prävention, aber auch für das leistungsorientierte Fitnesstraining, als geeigneter (Fröhlich, Emrich & Schmidtbleicher, 2010 zitiert nach Kempf, 2014, S. 9).

Die Intensität wurde nach dem subjektiven Belastungsempfinden bestimmt. Bei dem subjektiven Belastungsempfinden ist die optimale Gewichtslast so zu wählen, dass der

Proband das gewählte Gewicht bei einer „Belastung ab ca. der 20. Wiederholung als »mittel« bzw. »schwer« empfindet" (Greiwing, 2006, S. 24), dabei kommt es jedoch zu keiner muskulären Ausbelastung des Sportlers. Dies ist auch auf andere Wiederholungszahlen übertragbar. Weitere Vorteile dieser Trainingsmethode sind: „Geringe Belastungen des aktiven und passiven Bewegungsapparates, Reduzierte Gefahr von Bewegungsabfälschungen, Verringerte Muskelkatergefahr, Die Gefahr einer Pressatmung wird verringert, Niedrigere Herzfrequenz- und Blutdruckwerte, Niedrigere Laktatwerte, Reduzierte Ausschüttung von Stresshormonen (Katecholamine), Verringerte immunologische Belastung, Verkürzung der Regenerationsphasen" (Greiwing, 2006, S. 25). Aufgrund des Prinzips der progressiven Belastungssteigerung muss die Belastung an das Leistungsniveau des Probanden angepasst werden, damit ein neuer Trainingsreiz auf die Skelettmuskulatur gesetzt werden kann (Boeckh-Behrens/Buskies, 2007, S. 28). Schlussfolgernd ist zu beachten, dass eine Anpassung des Gewichts spätestens von Mesozyklus zu Mesozyklus erfolgt, um das subjektive Belastungsempfinden auf dem Niveau „mittel" bis „schwer" zu halten.

Begründung der Organisationform
In den ersten zwei Mesozyklen wurde als Organisationsform das Kreistraining gewählt. Bei dieser Form werden „gerade beim Kraftausdauer- und Muskelquerschnittstraining zusätzlich verstärkt kardiovaskuläre Reaktionen hervorgerufen" (Kempf, 2014, S. 10). Weiterhin wird, durch den Wechsel der Übungen, die Pausendauer reduziert, sodass „die Zeitdauer für die einzelne Trainingseinheit reduziert werden" (Kempf, 2014 S. 10) kann. Das Stationstraining, das im dritten und vierten Mesozyklus absolviert werden soll, zielt hingegen „eher auf die eigentliche Verbesserung der verschiedenen Kraftmanifestationen per se ab" (Kempf, 2014, S. 10 - 11). Während der gesamten Zeit absolviert der Trainierende ein Ganzkörpertraining. Dieses bezieht alle Hauptmuskelgruppen ein, die in einer Trainingseinheit gefordert werden. Es ist speziell für Beginner zur Leistungsverbesserung geeignet (Kempf, 2014, S. 46).

Begründung der Periodisierung
Durch die Periodisierung sollen „bessere Erholungen zwischen den einzelnen Belastungsreizen erzielt sowie Leistungsstagnationen in Form von Anpassungsplateaus vorgebeugt werden" (Kempf, 2014, S. 9). Weiterhin können größere Kraftzuwächse erzielt und Übertrainingszustände reduziert werden. Die gewählte Periodisierung entspricht der

8

linearen Blockperiodisierung, da die Belastungsintensitäten von Mesozyklus zu Mesozyklus ansteigen, während die Wiederholungszahlen abnehmen (Kempf, 2014, S. 9). Jeder Mesozyklus hat eine Dauer von sechs Wochen. Der Einstieg in das Krafttraining beginnt mit dem Kraftausdauertraining. Hierbei erfolgt eine muskelphysiologische Anpassung. Die intra- und intermuskuläre Koordinationsaspekte werden geschult und verbessert. Das heißt, dass durch eine höhere Wiederholungszahl und eine geringere Belastungsintensität „das neuromuskuläre System auf höhere Belastungen vorbereitet" (Kempf, 2014, S. 10) wird und „Bewegungsabläufe und die korrekte Ausführung der Technik geschult" (Kempf, 2014, S. 10) werden. Außerdem „findet eine adäquate Herz-Kreislauf-Aktivierung statt" (Kempf, 2014, S. 10). Die Belastungsparameter für ein Kraftausdauertraining werden im Folgenden aufgeführt. Während die Wiederholungszahl mindestens 15 bis 20 Wiederholungen beträgt, ist die Belastungsintensität auf gering bis mittel festgelegt. Die Satzzahl pro Übung beträgt, bei Anfängern, einen Satz und kann bis zu sechs oder mehr Sätze pro Übungen betragen. Die Pausenzeit ist kurz, 30 bis 90s. Pro Woche sollten eine bis drei Trainingseinheiten absolviert werden (Gimbel, 2014, S. 119). Im zweiten Mesozyklus wird ein Übergangstraining durchgeführt, um den Sportler auf höhere Intensitäten vorzubereiten, dabei wird die Wiederholungszahl reduziert und die Intensität im Vergleich zum ersten Mesozyklus gesteigert, um ein subjektives Belastungsempfinden von „mittel" bis „schwer" aufrecht zu erhalten. Der dritte und vierte Mesozyklus dient der Muskelhypertrophie, „Dazu sind Belastungen im mittleren bis submaximalen Bereich mit 70-90% der Maximalbelastug erforderlich" (Gimbel, 2014, S. 119). Die Belastungsparameter sind in dieser Phase wie folgt: Eine Übung besteht aus acht bis zwölf Wiederholungen mit bis zu vier oder mehr Sätzen. Die Pausen betragen zwei bis vier Minuten. Pro Woche sollten zwei bis drei Trainingseinheiten absolviert werden (Gimbel, 2014, S. 119). Im vierten Mesozyklus werden die Belastungsparameter noch einmal gesteigert, um einen besseren Effekt auf die Muskelkraft zu erzielen und die Muskelhypertrophie zu verbessern.

4 Trainingsplanung des Mesozyklus

Tab. 7: Planung eines Mesozyklus (eigene Darstellung)

	Mesozyklus I
Zyklusdauer	6 Wochen
Spezifisches Trainingsziel	Verbesserung der Kraftausdauer, Gewichtsreduktion
Trainingseinheiten pro Woche	2
Organisationsform	Stationstraining
Übungen pro Muskelgruppe	1
Sätze pro Übung	3
Satzpausen	60s
Wiederholungszahl	20
Intensität	„mittlere" subjektive Belastung
Bewegungstempo	2-0-2
Krafttrainingsübungen	1. Beinpresse horizontal sitzend 2. Rumpfbeugen an der Bauchmaschine 3. Rückenstrecken an der Maschine 4. Bankdrückmaschine (Brustpresse) sitzend 5. Rudern an der Maschine 6. Hüftstrecken an der Gesäßmaschine 7. Armstrecken an der Maschine 8. Armbeugen an der Maschine

Begründung der Übungsauswahl

Für das Training wurden nur maschinengeführte Übungen gewählt. Besonders für Beginner ist das Training an Kraftmaschinen günstig, da die Bewegungen geführt und kontrolliert ausgeführt werden. Eine präzise, dem Klienten angepasste, Belastungsdosierung ermöglicht die individuelle Reizsetzung auf die Muskulatur. Weiterhin wird eine gering abgestufte Erhöhung der Belastung möglich, sodass „nach relativ kurzer Zeit die Intensität und damit die Wirksamkeit des Trainings ohne Verletzungsrisiko erhöht wird" (Gimbel, 2014, S. 124). Die Komplexität der Übungen wird durch das isolierte Training der Muskelgruppen reduziert, sodass die Ausführung der Bewegung erleichtert wird. Das gerätegeführte Krafttraining „Gewährleistet gleichmäßige muskuläre Beanspruchung über die gesamte Bewegungsamplitude" (Gimbel, 2014, S. 124). Auch für den Trainer gibt es Vorteile, denn er kann zum Einen die Bewegung seines Klienten besser kontrollieren und zum Anderen die muskuläre Ermüdung besser erkennen (Gimbel, 2014, S. 124). Im Trainingsplan der Sportlerin befinden sich zu gleichen Anteilen eingelenkige und mehrgelenkige Übungen. Die eingelenkigen Übungen wurden gewählt, um isoliert auf die Muskulatur einwirken zu können. Ein isoliertes Kräftigungstraining wird mit geringen Fertigkeiten, also ohne große koordinative Ansprüche, ermöglicht. Jedoch herrscht zeitgleich eine höhere Belastung auf das Gelenk. Das mehrgelenkige Training ist hingegen alltagsnah, funktionell und gelenkschonend (Hois & Ziegner, 2006, S.1). Die Effektivität und Gelenkschonung liegt dem optimalen Gelenkeinsatz und den verringerten Drehmomenten zu Grunde (Hois & Ziegner, 2006, S. 8). Darüber hinaus wird bei diesen Übungsarten die intermuskuläre Koordination verbessert (Hois & Ziegner, 2006, S. 1).

Der Trainingsplan beruht auf einem Ganzkörpertraining. Der Schwerpunkt liegt auf dem Rumpf, da die Sportlerin unter Rückenbeschwerden leidet. Von acht Übungen sind vier für den Rumpf und jeweils zwei für die untere und obere Extremität angelegt. „Oberste Priorität ist beim Training des Bewegungsapparats auf die Rumpfstabilität zu legen, denn Erkrankungen des Muskel- und Skelettsystems wie Rückenschmerzen sind Krankheitsursache Nr. 1" (Gimbel, 2014, S. 123). „Im Rahmen der Prävention oder Behandlung von Rückenscherzen kann ein Training an Kraftmaschinen beim Aufbau und der Balance der Rumpfmuskulatur zielführend sein" (Gimbel, 2014, S. 124).

Begründung der Krafttrainingsübungen

Die Übung Beinpresse horizontal sitzend beansprucht die folgenden Hauptmuskeln: M. quadriceps femoris, M. biceps femoris, M. glutaeus maximus sowie den M. semimembranosus und M. semitendinosus. Da diese Übung viele Muskeln aktiviert, ist das Training funktionell und alltagsnah, weiterhin kann die Gewichtslast individuell eingestellt werden. Das Hüftstrecken an der Maschine aktiviert hauptsächlich den M. glutaeus maximus sowie die Synergisten M. gluteaus medius, M. glutaues minimus sowie den M. semimembranosus und M. semitendinosus. Auch der lumbale Anteil des M. erector spinae wird beansprucht, wodurch diese Übung ebenfalls im Rahmen des Rückentrainings gewählt werden kann. Der Vorteil dieser Übung liegt in der stabilen Körperposition, wodurch einer lumbalen Hyperlordose entgegen gewirkt wird. Das Rumpfbeugen an der Bauchmaschine beansprucht den M. rectus abdominis sowie die Mm. obliqui externi et interni abdomines. Unterstützend arbeitet auch der M. transversus abdominis. Der Vorteil dieser Übung besteht in der individuellen Widerstandsanpassung sowie den geringen koordinativen Anforderungen im Vergleich mit den Bauchmuskelübungen ohne Geräte. Diese drei genannten Krafttrainingsübungen wurden aufgrund des Wunsches der Sportlerin gewählt, den Bauch, die Beine und den Po zu trainieren. Die Übung Rückenstrecker an der Maschine aktiviert den Hauptmuskel M. erector spinae. Unterstützend arbeiten auch M. glutaeus maximus M. biceps femoris, M. semimembranosus und M. semitendinosus. Auch an diesem Gerät ist die Bewegungsrichtung vorgegeben, sodass weniger Ausweichbewegungen und somit Fehlbelastungen zustande kommen. Das Rudern an der Maschine spricht hauptsächlich den M. latissmus dorsi, M. trapezius pars ascendens, die Mm. rhomboidei und den M. teres major an. Diese Übung ist besonders wichtig für den oberen Rücken. Sie ist für die verbesserte und aufrechte Haltung zuständig. Die Übungen Rumpfbeugen, Rudern und Rückenstrecken, sollen einen präventiven Charakter auf die Problematik der Rückenschmerzen haben. Die Brustpresse an der Maschine aktiviert in erster Linie den M. pactoralis major und den M. triceps brachii. Synergistisch arbeiten der M. deltoideus pars clavicularis sowie M. serratus anterior. Dies ist eine effektive Brustmuskelübung, die dem Ziel Körperstraffung und – formung zugrunde liegt. Das Armbeugen an der Maschine beanspruchen hauptsächlich die folgenden Armbeuger: M. biceps brachii, M. brachialis und M. brachioradialis. Diese Übung hat den Vorteil der Einfachheit der Bewegungsausführung, da es keine hohen koordinativen Anforderungen bedarf. Das Armstrecken an der Maschine steuert die folgenden Muskeln an: M. triceps brachii caput mediale et laterale. Auch bei dieser Übung ist die Bewegungsrichtung durch das Gerät genau vorgegeben, sodass die Bewegungsausführung erleichtert wird. Sie ist deshalb gut für Beginner geeignet. Das Armbeugen und Armstrecken an der Maschine sollen der Gewebsstraffung und somit auch allgemein der Körperstraffung und –formung dienen.

Alle Krafttrainingsübungen sind vom Gerät geführt, was bedeutet, dass sie für Einsteiger des Krafttrainings gut geeignet sind, weil die Bewegungsrichtung vorgegeben ist und sich so weniger Fehlbilder bei der Ausführung des Krafttrainings einschleichen.

5 Literaturrecherche

Im nachfolgenden werden zwei Studien zum Thema Effekte des Krafttrainings bei arterieller Hypertonie vorgestellt.

Die folgende Tabelle stellt die Studie aus der Dissertation „Kardiovaskuläre Effekte eines aeroben versus isometrischen Trainings bei arterieller Hypertonie" von Stergios Vlatsas dar.

Tab. 8: Studie 1 (eigene Darstellung)

Wer hat die Studie durchgeführt?	Stergios Vlatsas
In welchem Jahr wurde die Studie publiziert?	2015
Mit welchen Versuchspersonen wurde die Studie durchgeführt?	An der Studie nahmen 25 Patienten „mit bekannter arterieller Hypertonie unter einer medikamentösen Therapie oder mit einem Blutdruck ≥ 140/90 mmHg ohne medikamentöse Therapie" (Vlatsas, 2015, S.32) teil. „Ferner waren eine Gehfähigkeit, ausreichende sprachliche Kenntnisse zur unkomplizierten Verständigung, Volljährigkeit, sowie eine Aufklärungs- und Geschäftsfähigkeit erforderlich" (Vlatsas, 2015, S.33). Die festgelegten Ausschlusskriterien waren „eine regelmäßige sportliche Aktivität, eine höhergradige periphere Verschlusskrankheit (> Stadium 1), ein höhergradiges Aortenvitium (> 1. Grades), eine hypertrophisch obstruktive Kardiomyopathie, eine höhergradige Herzinsuffizienz (> NYHA II), unkontrollierte Herzrhythmusstörungen, ein systolischer Rueblutdruck ≥ 110mmHg und eine Teilnahme an anderen klinischen Studien" (Vlatsas, 2015, S.33-34). Ferner wurden, aufgrund des Faustschlusstrainings, „Patienten mit fortgeschrittener Arthrose in den Händen oder akutem Medianuskompressionssyndrom ausgeschlossen" (Vlatsas, 2015, S.34).

Wie sah der Versuchsaufbau der Studie aus?	„Bei der Rekrutierung (Baseline) und nach 12 Wochen Intervention wurde bei allen Patienten eine 24-Stunden-Blutdruckmessung (…) durchgeführt" (Vlatsas, 2015, S.34). Zu Beginn wurde die maximale Kraft "durch eine maximale Kontraktion über 5 Sekunden" (Vlatsas, 2015, S.32) bestimmt. Diese wurde digital „für jede Hand (rechte und linke) getrennt errechnet" (Vlatsas, 2015, S.32). Die Probanden wurden während der Übungseinheiten von einem „Gerät durch Mitteilung am Monitor und durch akustische Signale" (Vlatsas, 2015, S.32) aufgefordert „so stark zu drücken, bis 30% der maximale Kraft erreicht wurde" (Vlatsas, 2015, S.32). Beim Erreichen der 30% der maximalen Kraft wurde der Teilnehmer „zum „Halten" über 2 Minuten aufgefordert" (Vlatsas, 2015, S.32). Die Probanden drückten „bei jeder Sitzung 2 Mal für 2 Minuten mit jeder Hand" (Vlatsas, 2015, S.32). Das isometrische Training erfolgte fünfmal wöchentlich über einen Zeitraum von zwölf Wochen. Dabei erfolgten zwei zweiminütige Faustschlusskontraktionen je Hand mit 30% der Maximalkraft pro Trainingseinheit. Die Gesamtdauer einer Trainingseinheit betrug acht Minuten täglich (Vlatsas, 2015, S.32).
Welche relevanten Ergebnisse und Schlussfolgerungen lieferte die Studie?	Das isometrische Faustschlusstraining weist keine blutdrucksenkende Effekte bezüglich der 24h- Blutdruckmessung vor (Vlatsas, 2015, S. 42).

In der nachfolgenden Tabelle ist die Studie zu den Effekten des Krafttrainings bei arterieller Hypertonie aus der Dissertation „Auswirkungen von Ausdauer- vs. Krafttraining vs. der Kombination Ausdauer-/Krafttraining auf die systemische Hämodynamik, Gefäßelastizität sowie Herzfrequenzvariabilität bei Patienten mit arterieller Hypertonie" von Anna Lena Bickenbach zusammengefasst. Ein besonderes Augenmerk gilt der Kontrollgruppe mit dem reinen Krafttraining.

Tab. 9: Studie 2 (eigene Darstellung)

Wer hat die Studie durchgeführt?	Anna Lena Bickenbach
In welchem Jahr wurde die Studie publiziert?	2012
Mit welchen Versuchspersonen wurde die Studie durchgeführt?	Es nahmen 14 Personen an der Studie teil, davon 3 Frauen und 11 Männer. (Bickenbach, 2012, S. 31) „Die drop-out-rate Betrug 0%, da alle Teilnehmer die Studie beendeten. Das Einschlusskriterium war die Indikation einer arteriellen Hypertonie Grad I, evaluiert anhand einer 24h-Blutdruckmessung" (Bickenbach, 2012, S.29). Ausschlusskriterien waren „Probanden mit antihypertensiver medikamentöser Einstellung in den vergangenen zwölf Wochen" (Bickenbach, 2012, S. 29) sowie sportlich aktive Probanden, die in den letzten drei Monaten regelmäßig Sport betrieben. Weiterhin wurden Probanden mit „mittelschwerer bis schwerer Hypertonie (WHO/JNC Schweregrad II), bekannter sekündärer Hypertonie, KHK, Herzinsuffizienz, Herzvitien, höhergradigen Erregungsbildungs- und/oder Erregungsleitungsstörungen am Herzen oder einem Herzinfarkt innerhalb der letzten drei Monate vor Aufnahme des Trainings" (Bickenbach, 2012, S. 30) von der Studie ausgeschlossen.
Wie sah der Versuchsaufbau der Studie aus?	Die Probanden unterzogen sich einer ärztlichen Untersuchung, welche vor und nach den zwölf Trainingswochen stattfand. Inhalte dieser Untersuchung waren die Leistungsdiagnostik, die Bestimmung von Laborparametern und hämodynamischen Variablen. Der Prä- und Posttest fanden zu gleichen Zeiten und in gleicher Reihenfolge statt, um Tagesschwankungen zu minimieren (Bickenbach, 2012, S. 30). Die Teilnehmer wurden aufgefordert „ihre Ess-, Rauch-, und Trinkgewohnheiten so konstant wie möglich weiter zu führen" (Bickenbach, 2012, S. 31).

Wie sah der Versuchsaufbau der Studie aus?	Während den zwölf Trainingswochen absolvierten die Probanden drei Krafttrainingseinheiten pro Woche. Das Training begann „mit einem fünfminütigen Warm-up auf dem Fahrradergometer bei 40% ihrer HF-Reserve" (Bickenbach, 2012, S. 31). Nach dem Warm-up begann das Krafttraining mit einer anfänglichen Intensität von 50%, die alle zwei Wochen um 5% gesteigert wurde, bis die Intensität von 75%, am Ende der zwölf Trainingswochen, erreicht wurde. Die Intensität wurde anhand eines 1-RM-Tests für jede Kraftübung bestimmt (Bickenbach, 2012, S. 32). Trainiert wurde an Krafttrainingsgeräten für die untere und obere Extremität in Form eines Zirkeltrainings. Dieses bestand aus zwei Sätzen á 10 Wiederholungen mit 13 Krafttrainingsübungen: „Beinstrecker, Beinbeuger sitzend, Wadenheben sitzend, Bauch sitzend, Rückenstrecker sitzend, Latzug, Beinpresse, Ruderzug, Butterfly, Schulterpresse, Brustpresse, Armbeuger mit Kurzhantel und Armstrecker mit Kurzhantel" (Bickenbach, 2012, S. 33). Nach jeder Übung wurden 30 Sekunden Pausen eingelegt. Eine Trainingseinheit dauerte insgesamt ca. 30 Minuten. „Die Probanden wurden auf die Bedeutsamkeit hingewiesen, Pressatmung und damit das Valsalva Manöver während der Belastung zu vermeiden" (Bickenbach, 2012, S. 33).
Welche relevanten Ergebnisse und Schlussfolgerungen lieferte die Studie?	Das Krafttraining hat positive Effekte auf den Langzeitblutdruck. Es konnte eine systolische Blutdrucksenkung um 4,90 mmHG (3,44%) (Bickenbach, 2012, S. 56) , sowie eine diastolische Blutdrucksenkung um 3,70 mmHG (4,32%) dokumentiert werden (Bickenbach, 2012, S. 57). Das mittlere Blutdruckverhalten bei Tagesaktivitäten reduzierte sich systolisch um 5,50 mmHg (3,74%) und diastolisch um 4,2 mmHg (4,73%). Auch in den Nachtparametern konnte eine Reduzierung des systolischen Wertes um 2,8 mmHg (2,19%), sowie des diastolischen Wertes um

	3,80 mmHg (5,05%) beobachtet werden (Bicken-bach, 2012, S. 57).

6 Literaturverzeichnis

Bickenbach, A. L. (2012). *Auswirkungen von Ausdauer- vs. Krafttraining vs. der Kombination Ausdauer-/Krafttraining auf die systematische Hämodynamik, Gefäßelastizität sowie Herzfrequenzvariabilität bei Patienten mit arterieller Hypertonie.* Dissertation, Deutsche Sporthochschule Köln. Köln.

Boeckh-Behrens, W.-U., & Buskies, W. (2007). *Fitness- Krafttraining Die besten Übungen und Methoden für Sport und Gesundheit.* Reinbek: Rowohlt.

Buskies, W. (1999). Sanftes Krafttraining nach dem subjektiven Belastungsempfinden versus Training bis zur muskulären Ausbelastung. *Deutsche Zeitschrift für Sportmedizin, 50* (10), 316-320.

Eifler, C. (2014). *Studienbrief Trainingslehre I - Gesundheitsorientiertes Krafttraining.* Unveröffentlichtes Studienmaterial. Saarbrücken: Deutsche Hochschule für Prävention und Gesundheitsmanagement.

Gimbel, B. (2014). *Körpermanagement.* Heidelberg: Springer.

Greiwing, A. (2006). *Zum Einfluss verschiedener Krafttrainingsmethoden auf Maximalkraft und Kraftausdauer sowie auf die Muskeldicke des M. quadrizeps femoris.* Dissertation, Bergische Universität Wuppertal. Wuppertal.

Hois, G., & Ziegner, K. (2006). Grundlagen des mehrgelenkigen Trainings in Theorie und Praxis. *Bewegungstherapie und Gesundheitssport, 22,* 18-25.

Israel, S., & Eifler, C. (2014). *Studienbrief Medizinische Grundlagen.* Unveröffentlichtes Studienmaterial. Saarbrücken: Deutsche Hochschule für Prävention und Gesundheitsmanagement.

Kempf, H. D. (2014). *Funktionelles Training mit Hand- und Kleingeräten.* Heidelberg: Springer.

Vlatsas, S. (2015). *Kardiovaskuläre Effekte eines aeroben versus eines isometrischen Trainings bei arterieller Hypertonie.* Dissertation, Medizinische Fakultät der Charité-Universitätsmedizin Berlin. Berlin.

Wirth, K., Atzor, K. R., & Schmidtbleicher, D. (2007). Veränderungen der Muskelmasse in Abhängigkeit von Trainingshäufigkeit und Leistungsniveau. *Deutsche Zeitschrift für Sportmedizin, 58 (6),* 178-183

7 Tabellenverzeichnis

BEI GRIN MACHT SICH IHR WISSEN BEZAHLT

- Wir veröffentlichen Ihre Hausarbeit,
  Bachelor- und Masterarbeit

- Ihr eigenes eBook und Buch -
  weltweit in allen wichtigen Shops

- Verdienen Sie an jedem Verkauf

Jetzt bei www.GRIN.com hochladen
und kostenlos publizieren